Lieber Bastelfreund!

Ich möchte Dir meinen Garten zeigen. Er ist etwas ganz besonderes. Damit Du sehen kannst, was in ihm krabbelt, zwitschert und blüht, haben wir alles fotografiert. Ich weiß, Du bist geschickt und kannst Deinen eigenen Garten auch so schön gestalten.

Ich wünsche Dir Regen und Sonnenschein

Vielseidig Verlag

Tips und Tricks

Grundmaterial:
Biegeplüsch, Perlen, Filz

Größe:
Originalgröße der Figuren ca. 4-8 cm je nach Modell

Werkzeug:
Schere, Zickzackschere, Bastelkleber (z. B. Uhu)
Transparentpapier, Bleistift, Näh- und Stecknadeln,
Holzmalstift oder Pinsel Nr. 2 und Farbe für Holz

Grundtechniken:

Grundtechnik I

1. Biegeplüsch biegen und auf Wunschlänge schneiden
2. Perlen mit ein wenig Klebstoff aufstecken

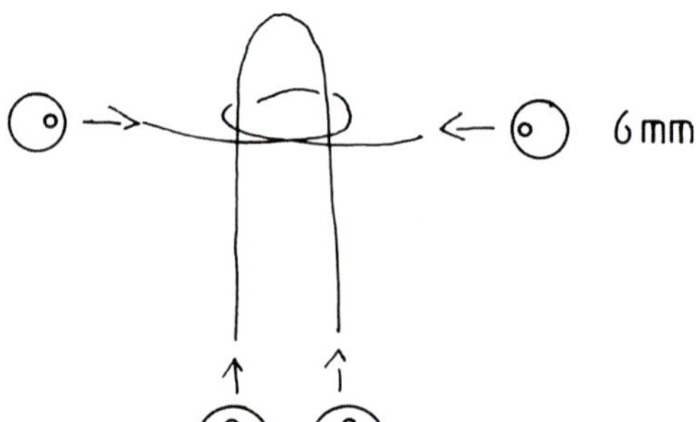

Grundtechnik II

1. Aus Biegeplüschdraht Arme und Beine auf Wunschlänge schneiden
2. Perlen mit ein wenig Klebstoff aufstecken
3. Filzteile je nach Anleitung ausschneiden
4. Alles mit Nadel und Faden zusammenfügen
   (siehe Zeichnung 2 auf Vorlagebogen)

Übertragungstechnik:

Übertragen sie ihr Wunschmotiv auf Transparentpapier. Nun schneiden sie es aus und befestigen die Vorlage mit einer Stecknadeln auf Filz. Nochmals ausschneiden.

Gesichter:

Je einfacher ein Gesicht gemalt ist, desto ausdruckvoller kann es sein.

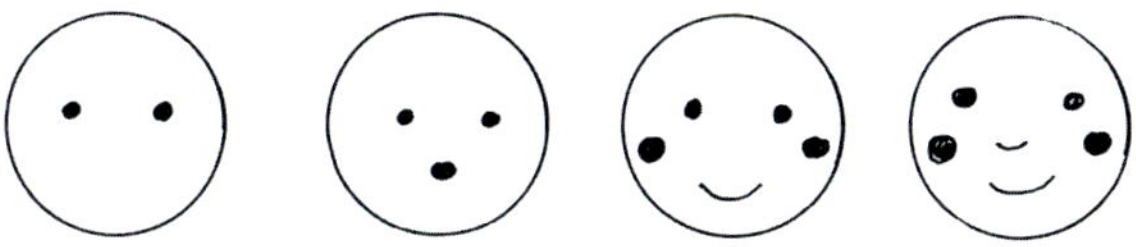

Schmetterlinge, Raupen und Puppen

Was wäre ein Garten ohne Schmetterlinge? So sind auch Raupen bei mir willkommen.

Schmetterling

Material: dünner Biegeplüschdraht, Filz
2 Holzperlen natur 4 mm (Hände)
2 Holzperlen farbig 6 mm (Füße)
Holzperle natur 10 mm (Kopf)
künstliche Staubgefäße oder dünnen Draht

1. Grundtechnik I (siehe Tips und Tricks)
2. Aus Filz mit Schablone Q Flügel ausschneiden, an der Markierung einschneiden, auf den Körper stecken und mit Garn zusätzlich befestigen
3. Kopfkugel mit ein wenig Kleber auf den Körper stecken
4. Aus Filzteil mit Schablone A Hütchen kleben, Inneres nach außen drehen und als Kappe auf den Kopf kleben
5. Als Fühler künstliche Staubgefäße aufnähen oder dünnen Draht durch die Kappe ziehen
6. Gesicht malen

Raupen

Material: 9 Holzperlen natur 6 mm
zwei Holzperlen natur 4 mm
Holzperlen natur 10 mm
dünner Draht

1. Holzperlen wie Zeichnung 7 auffädeln, beginnend mit 4 mm Hinterteilperle
2. Holzperle 4 mm durchschneiden und eine Hälfte als Nase ins Gesicht kleben
3. Gesicht malen

Puppen

Material: eine Holzperle natur 8 mm
dünner Draht
Biegeplüschdraht
Zauberwolle

1. Siehe Zeichnung 8
2. Puppen mit Zauberwolle um- und ein wickeln
3. Gesicht malen

Möhrenzwerge

Möhrenzwerge sind unermüdliche Helfer in meinem Garten.

Material: Biegeplüschdraht grün
Filz grün, orange
2 Holzperlen natur 6 mm (Hände)
2 Holzperlen grün 8 mm (Füße)
Holzperlen natur 12 mm (Kopf)
Holzperle natur 4 mm (Nase)
eventuell kleine künstlichen Möhren, Zauberwolle

Anleitung:

1. Grundtechnik I (siehe Tips und Tricks)
2. Aus orangefarbenem Filz Teile mit Schablone K (doppelt), Schablone L und Schablone N schneiden
3. Filzteil (Schablone K) in der Bruchmitte einschneiden, auf den Körper stecken und mit Knopflochstick zusammennähen
4. Filzteil (Schablone L) auf das Mäntelchen nähen
5. Aus grünem Filz mit Schablone O (doppelt) Kragen ausschneiden, in der Bruchmitte einschneiden und auf den Körper stecken
6. Kopfkugel mit ein wenig Kleber auf den Körper stecken
7. Holzperle 4 mm durchschneiden und eine Hälfte als Nase ins Gesicht kleben
8. 2 Seiten vom Filzteil (Schablone N) mit Knopflochstick zusammennähen, mit Zauberwolle ausstopfen und mit Heftstick die Möhrenmaserung auf das Hütchen sticken
9. Möhrenhut auf den Kopf kleben
10. Gesicht malen
11. Mit Zauberwolle Bart an kleben
12. Eventuell kleine künstliche Möhre in die Bauchtasche stecken

Katzen

Wer schleicht sich durch mein Blumenbeet und sucht sich ein sonniges Plätzchen?

Material: Biegeplüsch weiß
Filz weiß, schwarz
2 Holzperlen natur vier mm (Hände)
2 Holzperlen weiß 6 mm (Füße)
Holzperlen natur 10 mm (Kopf)
2 Pompons 7 mm weiß
1 Pompon 7 mm schwarz

Anleitung:

1. Grund Technik II (s. Tips und Tricks), zusätzlich ein weißes Biegeplüschstück an den Beinen als Schwanz befestigen (s. Zeichnung 12)
2. Mit einer Zickzackschere aus Schablone M einen Unterrock ausschneiden
4. Filz weiß mit Schablone A ausschneiden und als Kopftuch auf dem Kopf kleben
5. Alle Teile verbinden (s. Tips & Tricks Grundtechnik II)
6. Gesicht malen (s. Zeichnung 13)
7. Pompons weiß als Ohren an den Kopf kleben
8. Pompon schwarz als Schwanzspitze an den Schwanz kleben

Rosenfee

Wußtest Du, daß Rosenduft bis ins Herz dringt?

Material: Kunstrosen (Blüten, Knospen, Blätter)
dünner Biegeplüschdraht grün
4 Holzperlen natur 4 mm (Hände, Nase)
Holzperle natur 6 mm (Babykopf)
Holzperle natur 10 mm (Kopf)
Filz grün

Anleitung:

1. Biegeplüschdraht als Arme um den Stil einer Rose wickeln (s. Zeichnung 6)
2. Perlen 4 mm als Hände mit ein wenig Kleber aufstecken
3. Aus grünem Filz mit Schablone P mit Zickzackschere Kragen ausschneiden, in der Mitte einschneiden und auf den Rosenkörper stecken
4. Kopfkugel 10 mm mit ein wenig Kleber auf den Körper stecken
5. Aus Filzteil mit Schablone A Hütchen kleben und auf den Kopf kleben
6. Perle 4 mm durchschneiden und eine Hälfte als Nase ins Gesicht kleben
7. Gesicht malen
8. Rosenblätter als Rockteile oder Flügel an den Körper kleben

Rosenkind

Anleitung:

1. Perle 6 mm auf den Stil einer Knospen stecken
2. Kleinen Grünen Filzkreis in der Mitte einschneiden, auf den Stil stecken und auf den Rosenkindkopf kleben
3. Rosenblatt als Decke auf die Knospen kleben
4. Perle 4 mm durchschneiden und die Hälften als Hände auf die Rosenblattdecke kleben
5. Gesicht malen
6. Rosenkind an die Rosenmutter kleben

Tip: ein Tropfen Rosenöl läßt deine Rose wundervoll duften

Grille

Wenn Du leise bist, kannst Du Musik aus meinem Garten hören.

Material:
Biegeplüschdraht grün
dünner Biegeplüschdraht grün
Filz grün
4 Holzperlen grün 6 mm (Hände)
2 Holzperlen grün 8 mm (Füße)
Holzperle natur 14 mm (Kopf)
ein Kunstblatt
Glitterglue grün (z. B. Uhu)

Anleitung:

1. Biegeplüschdraht biegen und Perlen aufkleben (s. Zeichnung 9)
2. Mit grünem Filz mit Schablone R Flügelteil ausschneiden, an der Markierung einschneiden, Muster mit Glitterglue aufmalen und auf den Körper stecken
3. Aus grünem Filz mit Schablone M mit Zickzackschere Kragen ausschneiden, in der Mitte einschneiden und auf den Körper stecken
4. Kopfkugel 14 mm mit ein wenig Kleber aufstecken
5. Dünnen Biegeplüschdraht als Fühler mit ein wenig Kleber in das Knopfloch stecken
6. Gesicht malen
7. Kunstblatt auf Schulter und linken Arm als Geige kleben
8. Kunstblattstil als Bogen in die rechten Hand kleben
9. Zwischen das untere Armpaar Notenblatt kleben

Vogelscheuche und Vögel

Unerschrocken und mutig vertreibt die Vogelscheuche Schädlinge aus meinem Garten. Die Vögel helfen ihm dabei!

Vogelscheuche

Material: Strohhalme
Holzstab
Holzkugel natur 14 mm (Kopf)
Filz grün, braun
Filzreste, Bast

Anleitung:

1. Stroh bündeln
2. Strohbündel mit Bast am Holzstab befestigen (s. Zeichnung 10)
3. Aus grünem Filz mit Schablone S (doppelt) Mantelteil ausschneiden und in der Bruchkanntenmitte einschneiden
4. Mit grünem Filz Schablone L ausschneiden und auf Mantelteil nähen
5. Den Mantel auf den Holzstab stecken und mit Knopflochstich zusammennähen
6. Kopfkugel mit ein wenig Kleber auf den Körper stecken
7. Aus braunem Filz Schablone M Teil ausschneiden
8. Aus braunem Filz Schablone A ausschneiden, Hütchen kleben und auf Filzteil (Schablone M) kleben
9. Hut auf den Kopf kleben
10. Gesicht malen
11. Mantel und Hut nach Wunsch mit Flicken oder Schal aus Filzresten bekleben und mit kleinen Vögeln dekorieren

Vögel

Material: Pompons 7 mm + 10 mm
Filzreste

Anleitung:

1. Einzelteile anfertigen und wie Zeichnung 11 zusammenkleben
2. Augen aufmalen

Die Schlüsselblume

Den Schlüssel zu meinem Herzen bewahrt liebevoll die kleine Schlüsselblume.

Material: Biegeplüschdraht grün
Biegeplüschdraht grün (dünn)
Filz grün, gelb, rot
2 Holzperlen Natur 6 mm (Hände)
2 Holzperlen grün 8 mm (Füße)
Holzperle Natur 12 mm (Kopf)
etwas Goldpapier

Anleitung:

1. Grundtechnik I (siehe Tips und Tricks)
2. Aus grünem Filz Schablone M Mantel anfertigen, in der Mitte einschneiden und auf den Körper setzen
3. Aus rotem Filz mit Schablone E Herz schneiden und auf den Mantel kleben
4. Kopfkugel mit etwas Kleber aufstecken
5. Aus gelbem Filz mit Schablone F Blütenblätter schneiden und auf den Kopf kleben
6. Aus grünem Filz mit Schablone A Halbkreis schneiden, daraus ein Hütchen formen und um einen dünnen grünen Biegeplüschdraht (siehe Zeichnung 5) kleben
7. Hütchen auf Blütenblätter kleben
8. Gesicht malen
9. Aus Goldpapier mit Schablone H Schlüssel schneiden und an die Figur kleben

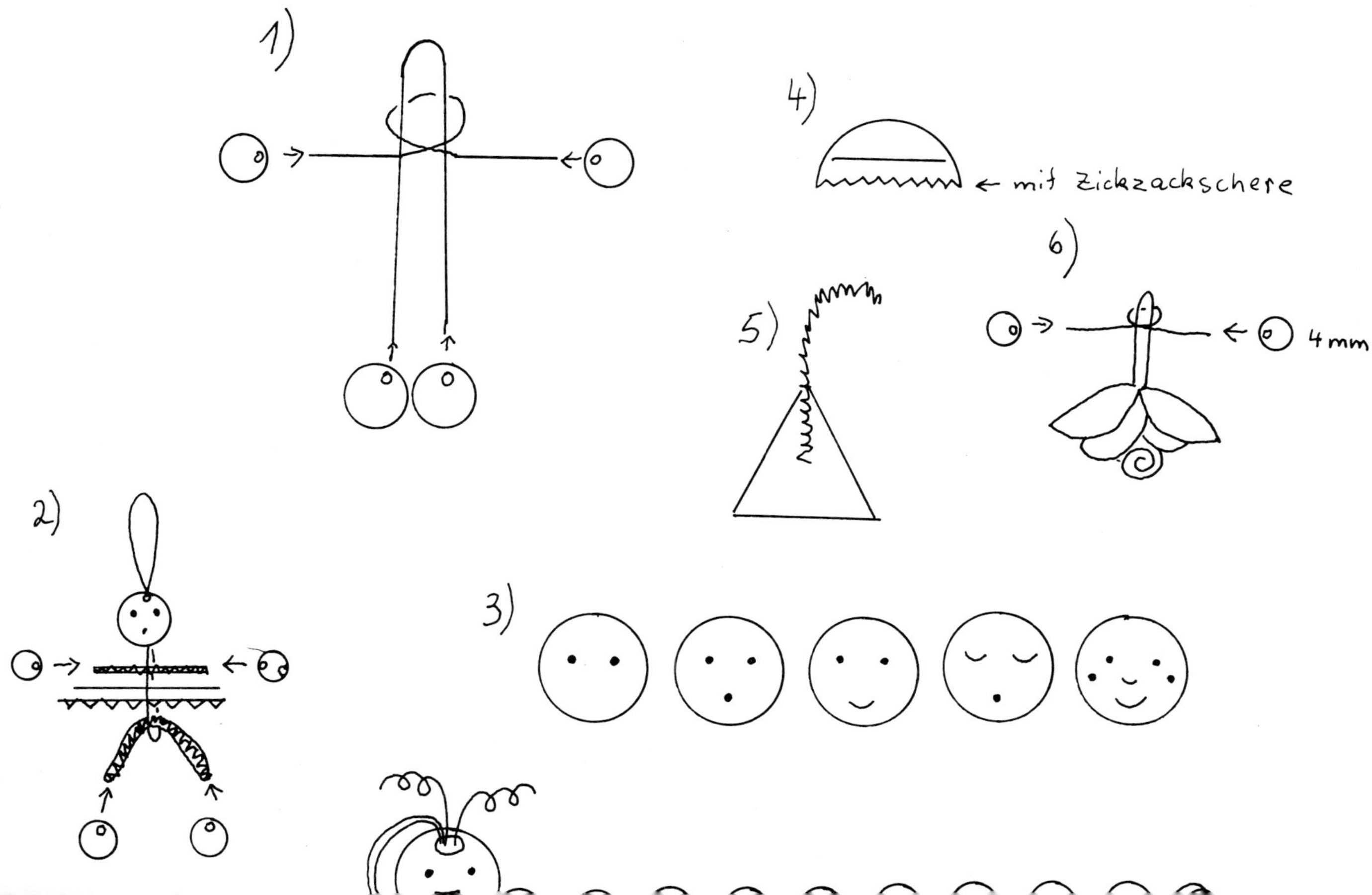
1)
2)
3)
4)
mit Zickzackschere
5)
6)
4mm

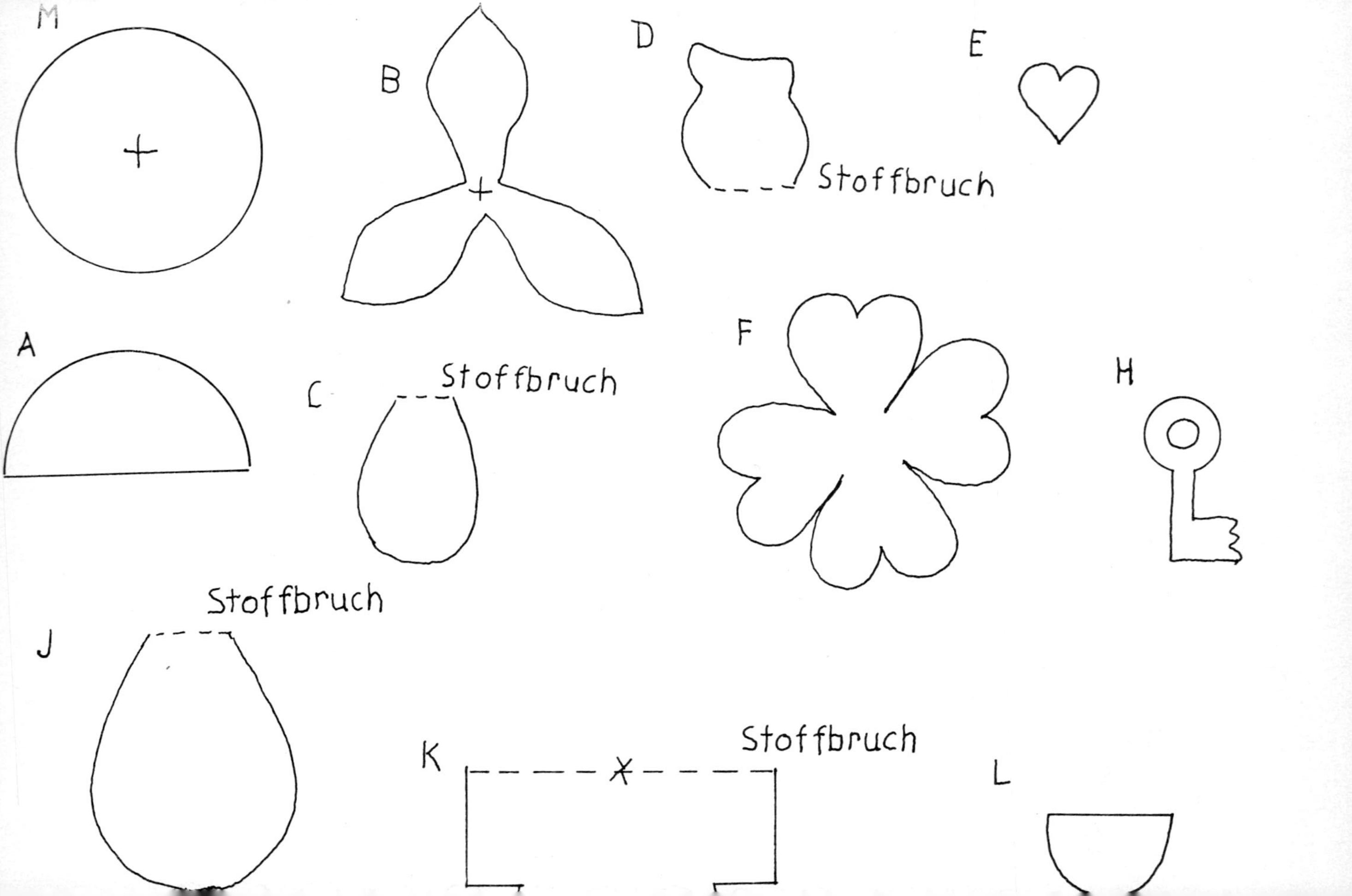
M
B
D
E
Stoffbruch
A
C
Stoffbruch
F
H
Stoffbruch
J
K
Stoffbruch
L

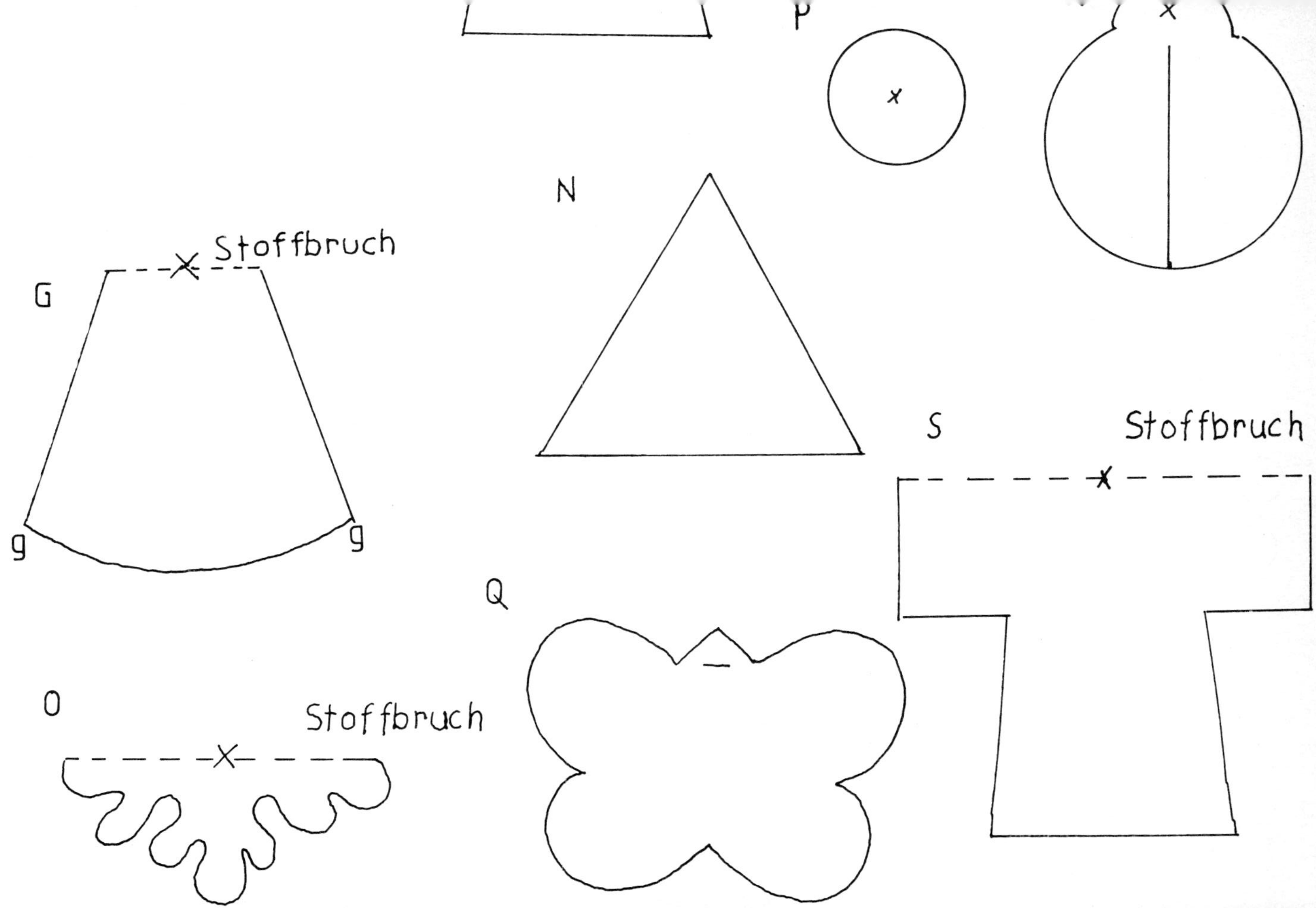
P
N
G
Stoffbruch
g
g
S
Stoffbruch
Q
O
Stoffbruch

7)

10 mm

6mm 4mm

8)

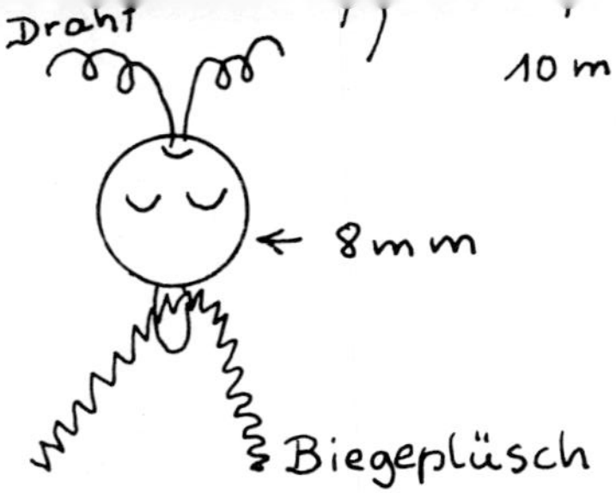

10)

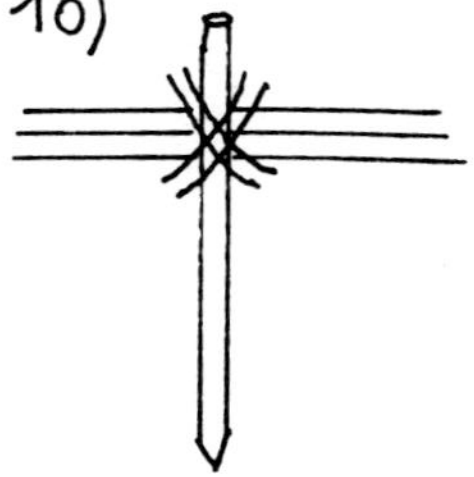

11)

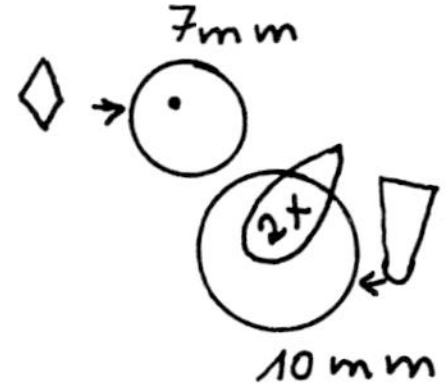

9)

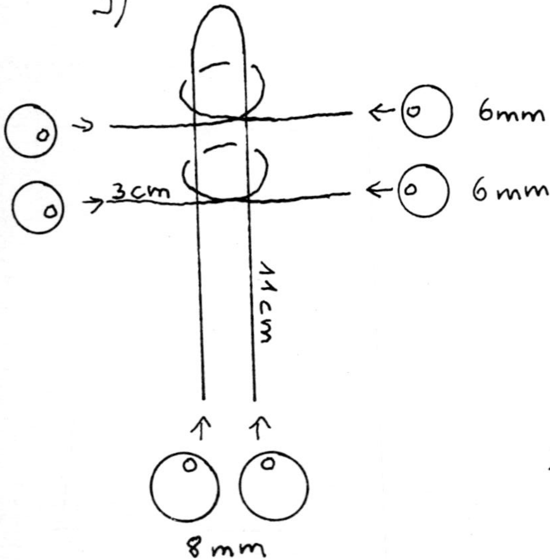

12)

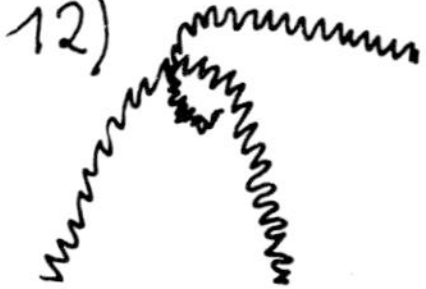

13)

3a)

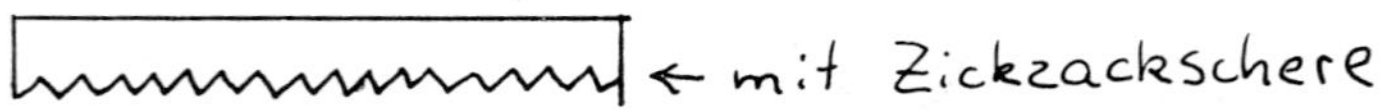

Die fleißige Biene

Vom Frühling bis zum Herbst findet die Biene reichlich Nektar für ihren Honig.

Material: je ein Biegeplüschdraht gelb und braun
Filz blau, braun, gelb
2 Holzperlen Natur 6 mm (Hände)
2 Holzperlen braun 8 mm (Füße)
Holzperle Natur 12 mm (Kopf)
Holzperle Natur 4 mm (Nase)
dünner Draht, Nähgarn, Zauberwolle

Anleitung:

1. Grundtechnik I (siehe Tips und Tricks)
2. Kopfkugel mit ein wenig Kleber auf den Körper stecken
3. Perle 4 mm durchschneiden und eine Hälfte als Nase ins Gesicht kleben
4. Braunes Filzteil mit Schablone A anfertigen, Hütchen kleben und umdrehen, damit eine Kappe daraus wird
5. Braunen Biegeplüsch um den Körper wickeln
6. Dünnen Draht durch die Kappe als Fühler stecken
7. Gelbes Filzteil mit Schablone C (doppelt) anfertigen und als Flügel an den Körper nähen
8. Gesicht malen
9. Aus blauem Filz mit Schablone D (doppelt) Krugteile anfertigen
10. Krug mit Knopflochstick zusammen nähen, mit Zauberwolle füllen, weiße Punkte darauf malen und an die Bienenhand binden

Fresienelfe

Für das Wachstum der Fresien sorgt sich die Fresienelfe.

Material: Biegeplüschdraht grün
Filz je nach Farbe der Fresie
Federn je nach Farbe der Fresie
2 Holzperlen natur 6 mm (Hände)
2 Holzperlen grün 8 mm (Füße)
Holzperle natur 12 mm (Kopf)
Holzperle natur 4 mm (Nase)

Anleitung:

1. Grundtechnik I (siehe Tips und Tricks)
2. Aus Filz mit Schablone G (doppelt) Mantel anfertigen, in der Bruchmitte einschneiden und auf den Körper stecken
3. Aus Filz mit Schablone M mit Zickzackschere Kragen anfertigen, in der Mitte einschneiden und auf den Körper stecken
4. Kopfkugel mit ein wenig Kleber aufstecken
5. Aus Filz mit Schablone A (runde Seite mit Zickzackschere) Hütchen kleben und auf den Kopf kleben
6. Holzperle 4 mm durchschneiden und eine Hälfte als Nase ins Gesicht kleben
7. Gesicht malen
8. Federn als Flügel unter den Kragen kleben

Regentröpfchen

Regentröpfchen wissen ganz genau, wann die Blumen Durst haben.

Material: dünner blauer Biegeplüschdraht
Filz blau
eine Holzperle natur 10 mm (Kopf)
Holzperlen blau 4 mm (Hände und Tropfen)

Anleitung:

1. Grundtechnik I (siehe Tips und Tricks) ohne Füße
2. Aus blauem Filz mit Schablone J (doppelt) Tropfen schneiden. In der Bruchmitte einschneiden und auf den Körper stecken
3. Den Körper mit ein wenig Zauberwolle umwickeln
4. Den Tropfen mit Knopflochstick zusammennähen
5. Kopfkugel mit ein wenig Kleber aufstecken
6. Hütchen aus Filz mit Schablone A herstellen und auf den Kopf kleben
7. Gesicht malen
8. An die Unterseite des Tropfens blaue Holzperlen aufgereiht je nach Wunsch hängen

Das Weidenkätzchen

Früh in meinem Garten blüht das Weidenkätzchen. Damit es nicht friert, hat es ein warmes Mützchen auf.

Material: Biegeplüschdraht braun
Holzperlen Natur 6 mm (Hände)
Holzperlen braun 8 mm (Füße)
Holzperle Natur 12 mm (Kopf)
helle ungesponnene Schafswolle oder helle Zauberwolle

Anleitung:

1. Grundtechnik 1 (siehe Tips und Tricks)
2. Filzteil grau mit Schablone M anfertigen
3. Filzteil braun mit Schablone G (doppelt) anfertigen
4. Filzteil (Schablone G) doppelt legen, Bruchmitte einschneiden und auf den Körper stecken
5. Filzteil (Schablone M) als Kragen aufstecken
6. Kopfkugel mit etwas Kleber aufstecken
7. Wolle als Haare aufkleben
8. Gesicht malen

Sonnenschein und Schneeglöckchen

Der erste Sonnenstrahl weckt das Schneeglöckchen, damit es den Frühling einläuten kann.

Sonnenschein

Material: Biegeplüschdraht gelb
2 Holzperlen natur 4 mm (Hände)
2 Holzperlen gelb 6 mm (Füße)
Holzperle natur 10 mm (Kopf)
Nähgarn, Glitzerglue gold

1. Unterrock aus gelbem Filz mit Zickzackschere mit Schablone M anfertigen
2. Rock aus gelbem Filz glatt mit Schablone M anfertigen
3. Wie Grundtechnik II (siehe Tips und Tricks) Teile zusammenfügen
4. Aus Filzstreifen (s. Zeichnung 3a) eine Krone um den Kopf kleben
5. Gesicht malen
6. Mit Glitterglue Muster auf Filz malen

Schneeglöckchen

Material: Biegeplüschdraht grün
Filz weiß, grün
2 Holzperlen Natur 4 mm (Hände)
2 Holzperlen grün 6 mm (Füße)
Holzperle Natur 10 mm (Kopf)
Grüner Filzstift

1. Aus weißem Filz und Schablone A Blütenteil anfertigen (Zeichnung 4)
2. Strick mit grünem Filzstift malen (siehe Zeichnung 4)
3. Wie Hütchen zusammenkleben. Der Unterrock ist fertig.
4. Aus weißem Filz mit Schablone B Rock schneiden
5. Aus grünem Filz mit Schablone A Kopftuch ausschneiden und um den Kopf kleben
6. Alle Teile wie Grundtechnik II (s. Tips und Tricks) zusammenfügen
7. Gesicht malen

Schneeflöckchen

Schneeflocken fallen auf die Erde und lassen im Winter meinen Garten sich ausruhen.

Material:
Biegeplüschdraht weiß
Filz weiß
2 Holzperlen natur 4 mm (Hände)
2 Holzperlen weiß 6 mm (Füße)
Holzperle natur 10 mm (Kopf)
Schneeflitter

Anleitung:

1. Grundtechnik II (siehe Tips und Tricks)
2. Aus weißem Filz mit Schablone M und Zickzackschere Unterrock ausschneiden
3. Aus weißem Filz mit Schablone M Rock ausschneiden
4. Aus weißem Filz mit Schablone A Kopftuch ausschneiden und auf den Kopf kleben
5. Alle Teile verbinden (siehe Tips und Tricks Grundtechnik II)
6. Gesicht malen
7. Nach Wunsch mit Schneeflitter bestreuen

Tannenbäumchen

Tannenbäumchen warten wie Du auf das Christkind, denn das besucht meinen Garten bestimmt!

Material: Biegeplüsch grün
Filz grün
2 Holzperlen natur 4 mm (Hände)
2 Holzperlen grün 6 mm (Füße)
Holzperle natur 10 mm (Kopf)
Glitzerglue (z. B. Uhu) verschiedene Farben

Anleitung:

1. Grundtechnik II (siehe Tips und Tricks)
2. Aus grünem Filz mit Schablone M und Zickzackschere Unterrock schneiden
3. Aus grünem Filz mit Schablone P und Zickzackschere Rock schneiden
4. Aus grünem Filz Schablone A (Rundung mit Zickzackschere) ausschneiden, Hütchen kleben und auf den Kopf kleben
5. Alle Teile verbinden (siehe Tips und Tricks Grundtechnik II)
6. Gesicht malen
7. Nach Wunsch Tannenbaum mit Kugeln mit Glitzerglue schmücken

Vielseidig Verlag

Ebenfalls von Eike Schult:

Wölkchen & Co
Püppchen aus Biegeplüsch
und Filz
Heft 14x20 cm
ISBN 3-930529-33-5

Laubanger 19b 96052 Bamberg **Vielseidig Verlag** GmbH Tel. 0951/ 6 89 97 Fax. 0951/ 60 32 99